Das Aprendarium®

Wissenschaftlicher Hintergrund und Zertifikatsgrundlage

Ein Leistungsbericht für die Ludwig- Maximilian-Universität München
Prof. Dr. Joachim Kahlert

Entwicklung: Kurt Rotermund
Durchführung: Kurt Rotermund
Finanzierung: Klosterkammer Hannover, Wehrfritz, Forbo, Promethean, Ecophon

Bibliografische Information der Deutschen Nationalbibliothek: Die Deutsche Nationalbibliothek verzeichnet diese Publikation in der Deutschen Nationalbibliografie; detaillierte bibliografische Daten sind im Internet über dnb.dnb.de abrufbar.

Herstellung und Verlag: BoD – Books on Demand, Norderstedt
ISBN: 978-3-7562-9362-9

Vorbemerkung

Lange Zeit bezog sich Didaktik allein auf schulischen Unterricht und galt als Bezugsdisziplin für das Handeln von Lehrbeauftragten, vor allem, der Primar- und Sekundarstufe, andere Lernkontexte, wie Erwachsenen- und Weiterbildung. Lernen in beruflichen Kontexten oder der Hochschule wurden ausgeblendet oder vernachlässigt. Die Fixierung auf das Handeln der Lehrenden ist in den 1990er Jahren durch die Diskussion über den Konstruktivismus relativiert worden. Didaktik ist nicht mehr (allein) Handlungswissenschaft, sondern beschäftigt sich ganz allgemein mit allen lernförderlichen Arrangements, wie es vor allem die Konstruktivistische Didaktik betont. So hat in den 1990er Jahren etwa die Mediendidaktik ganz wesentliche Impulse für die Didaktik-Diskussion gebracht. Mit der zunehmenden Bedeutung verschiedener Lernkontexte außerhalb von Schule konstituiert sich Didaktik als kontextübergreifende Disziplin, die sich mit der Gestaltung von Lernangeboten beschäftigt.

Ein Beispiel für ein verwaltungswissenschaftlich vorbereitetes Großprojekt ist die Gebietsreform zwischen 1967 und 1978, die sich die Einheit von Planungs- und Verwaltungsraum zum Ziel gesetzt hatte. Ein immer wiederkehrendes verwaltungswissenschaftliches Thema ist auch die Erforderlichkeit von Mittelbehörden, insbesondere Regierungspräsidien. In Rheinland-Pfalz wurden sie beispielsweise mit Wirkung vom 1. Januar 2000 aufgelöst; in Sachsen-Anhalt mit Wirkung vom 1. Januar 2004 und in Niedersachsen mit Wirkung vom 1. Januar 2005. Schließlich ist auch die Neugliederung der Bundesländer ein verwaltungswissenschaftliches Thema. Neben Verwaltungsreformen wird auch insbesondere unter dem Stichwort New Public Management die Einführung von Instrumenten für eine rationalere Verfolgung politischer Ziele unter den Bedingungen knapper öffentlicher Mittel durch geeignete Managementinstrumente, aber auch die Überprüfung des Aufgabenbestandes und die Zusammenarbeit mit anderen gesellschaftlichen Akteuren („Koproduktion" öffentlicher Leistungen) diskutiert, z. T. als „Managerialismus" aber auch kritisiert. Wesentlich zur Etablierung der Verwaltungswissenschaft in Deutschland trug die zwischen 1968 und 1975 tätige Projektgruppe Regierungs- und Verwaltungsreform bei.

Themen der Pädagogischen Psychologie sind
Interaktion: Grundlegende, pädagogisch relevante Perspektiven aus dem Blickwinkel der Psychologie sind z. B. Sozialisationstheorien des Menschen, die Interaktionen von Eltern und Kind bzw. die Lehrer-Schüler- sowie die Schüler-Schüler-Interaktion und deren Folgen für die daran beteiligten Personen (Kinder, Eltern, Schüler, Lehrkräfte).
Die Pädagogische Psychologie nutzt dabei entwicklungspsychologische und sozialpsychologische Erkenntnisse[2].

Intervention, Prävention, Förderung: Einen weiteren Aspekt der Pädagogischen Psychologie bilden Prävention und Intervention, die in Vorschulförderungsprogrammen, Förderprogrammen für Schüler mit Lernstörungen oder mit Verhaltensauffälligkeiten und auch in der Begabtenförderung zum Ausdruck kommen. Dabei werden verschiedene

Aspekte des Lernens wie selbstreguliertes Lernen bzw. selbstgesteuertes Lernen und verschiedene Lernstrategien berücksichtigt. Darüber hinaus gehört zu diesem Aspekt auch die Entwicklung curricularer Vorgaben und das multimediale Lernen. Förder-, Präventions- und Interventionsmaßnahmen können sich auch auf Erzieher in Form von Lehrkräften und Eltern beziehen (z. B. Elterntraining, Programme zur Förderung von Lehrergesundheit, zum Abbau von Lehrerangst oder zur Förderung von Unterrichtskompetenz).

Diagnostik: Einen zusätzlichen Aspekt bildet die pädagogisch-psychologische Diagnostik, die sich mit Lernkontrollen im Sinne von kriteriums- oder sozialnormbezogenen Tests sowohl formeller als auch informeller Art, der schulischen Notengebung im Allgemeinen sowie der Evaluation im Schulleistungsvergleich – im letzten Jahrzehnt
auch TIMSS und PISA – beschäftigt. Zudem muss bei jeder Intervention der Erfolg einer Maßnahme durch entsprechende diagnostische Maßnahmen nachgewiesen werden.

Gliederung

Die Erkenntnis, dass es einen direkten Zusammenhang zwischen der Gestaltung von Klassenräumen und der Effektivität sowie der Aufnahmefähigkeit der Schüler gibt, ist mittlerweile unbestritten. Das Aprendarium verfügt über alle, hierzu notwendigen Ausstattungsmerkmale für eine effektive Pädagogik.

Wertschöpfung durch Wertschätzung ist eine spürbare Leistung in diesem speziell für unsere heutige globalisierte Welt entwickelten Klassenraum. Um hierfür den Beweis anzutreten, wurden fünf Aprendarien in vier verschiedenen Schulen und Standorten errichtet. Darunter in Bayern die Mittelschule Bad Rodach (Altbau), 9. Klasse; in Thüringen das Internatsdorf Haubinda *(Altbau)*, 5. Klasse; eine Grundschule in Diepholz *(Altbau renoviert)* in Form einer Langzeitklasse 1-4 sowie die Grundschule Steimbke *(Neubauähnlich)* mit zwei 4. Klassen.

Darüber hinaus lag es uns am Herzen, für Architekten und Schulträger die Möglichkeit zu schaffen, den pädagogischen Schulbau in der Praxis und vor allem im Klassenraum spürbar zu machen.

In den letzten Jahren hat sich gezeigt, dass Einflussfaktoren wie Farb- und Formgestaltung sowie die bewusste Anordnung von Gegenständen an Arbeitsplätzen die Leistung von Menschen unmittelbar beeinflusst.
Bei einem Grundschüler in Niedersachsen sind dies rund 3.500 Unterrichtsstunden am Arbeitsplatz „Klassenraum" in den ersten vier Schuljahren. (*MK Niedersachsen*)

Bei allen Bemühungen, seitens der Lehrkräfte den Schulbau bis hinein in die Klassenräume pädagogisch hilfreich zu gestalten, endeten die Bemühungen der Architektur in der Cobertura -obgleich auch für viele Bildungsforscher die Gestaltung von Schulen und Unterrichtsräumen nach neueren Erkenntnissen der Psychophysiologie und der Psychosomatik als Faktor für guten Unterricht angesehen werden muss. Nicht zuletzt glauben wir, dass es an der Zeit ist, der Raumgestaltung mehr Aufmerksamkeit zu widmen. Investitionen in Schulgebäude sind langfristig- wodurch sie sich relativ schnell bezahlt machen.

„Wertschöpfung durch Wertschätzung" ist im Zusammenhang mit dem Schulbetrieb zu wenig diskutiert worden, ebenso wie der Begriff "Effizienz" und Schulbetrieb und die Formulierung "Kompetenzvermittlung und Schule".
Vor allem aber stellt die Zerrissenheit der Verantwortungsbereiche im Bildungssektor ein großes Problem dar.

Schulen ermöglichen nur einen kleinen Spielraum für Architekten-Kunst oder persönliches Kunstempfinden. Sie verlangen vielmehr nach der Umsetzung von Forschungsergebnissen und wissenschaftlichen Erkenntnissen. Darum ist es ratsam, dass Architekten aus der Wissenschaft heraus ihre Informationen beziehen können, um Schulen für die Zukunft zu gestalten und um Schulträger entsprechend zu beraten. Ein noch effektiverer Weg wäre die Normierung von Schulgestaltung.

Der Einsatz von Wissen beim Bau und bei der Gestaltung von Schulen hat eine Schlüsselfunktion für unsere Zukunft. Aus diesem Grund hat der Verein LuPS e.V. alle einem Ort der Lehre zustehenden wissenschaftlichen Erkenntnissen gebündelt und diese in einem „Aprendarium" umgesetzt. Die gesammelten wissenschaftlichen Erkenntnisse sind auch in allen anderen Räumen einer Schule einzusetzen, wie z.B. Differenzierungsräume, Lernstudios, Gruppenräume, Lehrerzimmer, Flure, Aulen usw. Die Prävention in der Gesundheitsfürsorge, bei der Gewalteindämmung und bei der Zukunftsbewältigung steht hier im Vordergrund.

Folgende wissenschaftliche Erkenntnisse wurden in das „Aprendarium" integriert.

Die Untersuchung der Wirkung von Farben und deren Einfluss auf das menschliche Verhalten:
Farben stellen ein sanftes Instrument zur ganzheitlichen Steigerung des Wohlbefindens dar, weshalb ein verantwortungsvoller Umgang mit Farben unbedingt erforderlich ist (*unruhige Kinder werden umgänglicher und konzentrierter, ängstliche Menschen selbstbewusster und ausgeglichener, nervöse Zeitgenossen ruhiger*).
Prof. Petra Kellner, Hochschule für Gestaltung, Offenbach am Main
(Prof. Dipl.-Ing. Marcus Schlegel, Fachhochschule Hildesheim; Prof. Dr. med. Manfred Walzl, Universität Wien) (*Im Detail wurden dabei konzentrationsunterstützende, beruhigende, dynamisierende und die Gemeinschaft fördernde Aspekte untersucht*).

Die Untersuchung der Wirkung von Vorrichtungen zur Schalldämpfung, welche über die DIN 180401 hinausgehen:
Im Vordergrund steht das Verhindern von Schallirritationen sowie die Reduktion der Lautstärke und die Verkürzung von Widerhall, RES 0,43. (*Neben dem Risiko für Allergien steigt bei Lärm auch die Anfälligkeit für Herzkreislaufprobleme*).
Zudem steigt auch der Blutdruck und Lärmgeschädigte leiden häufiger unter Migräne. Bereits 15 % der Jugendlichen hören so schlecht wie ein 50-jähriger Mann.
Ohne Lärm fließen die roten Blutkörperchen, bei Lärm stocken sie, da sich die Gefäße verengen. Besorgniserregend ist, dass durch die eingeschränkte Durchblutung angrenzende Organgewebe schlecht mit Sauerstoff und Nährstoffen versorgt werden. Antikörper und weiße Blutkörperchen werden kaum transportiert. Die Folge: Die körpereigene Immunabwehr wird geschwächt. Die Hirnanhangsdrüse sendet Signale zur Nebennierenrinde, welche Stresshormone ausschüttet. Schon bei Dauerlärm von 50 Dezibel ist der Körper in Alarmbereitschaft. (*siehe Abb.01*). *Universität Bremen, Fachbereich Human- und Gesundheits-Wissenschaften Institut für inter-disziplinäre Schulforschung (ISF) Dipl.-Ing. Gerhart Tiesler; Prof. Dr. Hartmut Ising: Siehe auch* Bundeszentrale für gesundheitliche Aufklärung (BZgA)

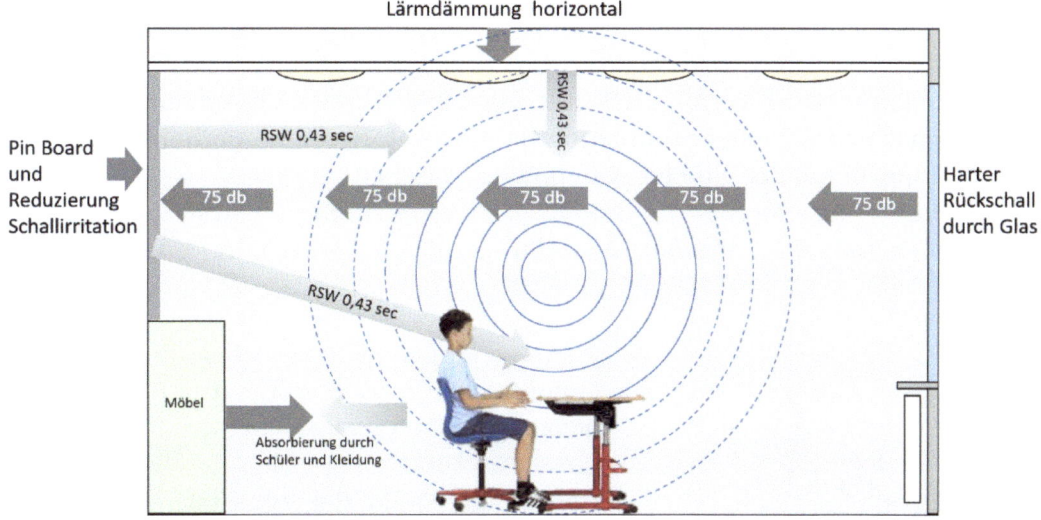

Abb.01

Die Untersuchung der Auswirkungen beim Einsatz von eisenfreien Tischen mit gleichwertiger Haltbarkeit, die ergonomisch gebaut und schallneutral sind:
„Der Anteil, den die unterschiedlichen Facetten der Arbeit an Tischen an den muskuloskelettalen Beschwerden haben, ist aufgrund der multikausalen Verursachung zwar nicht eindeutig geklärt. Unstrittig ist aber, dass der so genannten Verhältnisprävention, bei der die optimale, d. h. menschengerechte Gestaltung der Arbeitsbedingungen im Vordergrund steht, zur Prävention von Muskel- und Skeletterkrankungen eine entscheidende Bedeutung zukommt." *Fraunhofer (Metallunterbauten verstärken die Schallentwicklung und die Schallirritation; Neurotransmitter Plastizität des sympathischen Nervensystems) Studienleiter Maximilian Moser vom Joanneum-Research-Institut für Nichtinvasive Diagnostik und Professor an der Medizin-Uni in Graz.*

Trapeztisch ergonomisch, rutschfeste Oberfläche, farblich variabel, rollstuhltauglich und leicht umstellbar für Lerngruppen.

Die Untersuchung des Einsatzes von besonderen Stühlen, die den natürlichen Bewegungsdrang der Schüler absorbieren, Größenunterschiede der Schüler berücksichtigen und somit eine ruhigere Lernatmosphäre schaffen sollen: Nicht nur die kindliche Haltungsphysiologie ist für statische Dauerbelastungen ungeeignet, sondern auch das kindliche Gehirn.

Eine unzureichende Durchblutung in Verbindung mit einer ungenügenden sensomotorischen Stimulation löst einen Zustand herabgesetzter hirnphysiologischer Agitiertheit aus (*Imhof* 1995). Dies hat zur Folge, dass der Sitzende nicht nur seine äußere Haltung, sondern auch seine innere Haltung aufgibt

(Aufmerksamkeitsverlust, leerer Blick mit vagabundierenden Gedanken) oder auch der Organismus nach zusätzlicher Stimulation (kompensatorische körperliche Aktivität) sucht, z.B., kippeln mit den Stühlen, hin und her rutschen.

(Dr. Dieter Breithecker Bundesarbeitsgemeinschaft für Haltungs-und Bewegungsförderung e.V., Matthias-Claudius-Straße in 14 65185 Wiesbaden)

- Zustand, in dem nicht nur keine Gefahr besteht, sondern auch nichts Unvorhergesehenes passieren kann
- Zustand der Ruhe, der Stabilität, der Sorglosigkeit

  – ein Fantasieprodukt, ohne Realitäts- und Lebensbezug

Quelle: Dr. D. Breitecker

Eine Schule, die Schülerinnen und Schüler erfolgreich auf die Zukunft vorbereitet, kann nur eine Schule sein, in der gesundheitsfördernde Rahmenbedingungen das Wohlbefinden von Schülerinnen, Schülern und Lehrkräften berücksichtigt. Im Wesentlichen geht es darum, durch eine bewegungsfördernde Innen- und Außenraumgestaltung und durch pädagogisches Wirken, die Kultur des Körpers zu fördern und damit den Schulalltag gesundheits- und lernfördernd zu rhythmisieren. Dies ist mit Blick auf die zunehmende Verweildauer der Schülerinnen und Schüler im Ganztagsschulbetrieb von hoher Bedeutung.

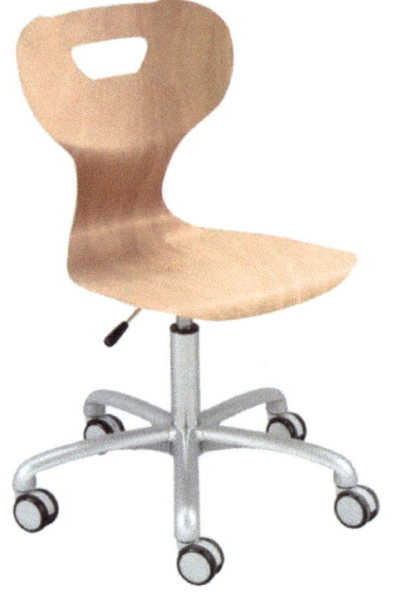

Schulen, die für die Schüler und Schülerinnen sowie für die Lehrkräfte eine sie bewegende Lebenswelt darstellen, kommen ihrem Auftrag in besonderer Weise nach. Die Bundesarbeitsgemeinschaft BAG unterstützt im Setting Schule alle Beteiligten darin, Prozesse zur Gestaltung und Förderung von Gesundheit, Entwicklung und Bildung durch Bewegung zu initiieren.

Quelle: www.haltunsbewegung sowie *Drehstuhl höhenverstellbar mit Kippelfunktion, Lehrerstuhl mit Polster, Schülerstuhl Holz mit antirutsch Oberfläche zur Reduzierung bioaktiver Substanzen (Sitzflächen aus Kunststoff aktivieren die bioaktiven Substanzen und machen Kinder schläfrig)*

Die Untersuchung der Wirkung von Vollspektrumlicht - True - Light in Kombination mit Deckenflutern (*Raumlicht auf Decken installiert, kein Falllicht in Decken installiert*) zur Beeinflussung von Stimmungen, mit dem Ziel Phasen von Müdigkeit und Konzentrationsschwächen zu minimieren. Vollspektrumlicht unterstützt das Immunsystem, fördert die Konzentration, schont das Augenlicht, wirkt gegen Adipositas und Hyperaktivität.

In der dunklen Jahreszeit wird der Organismus des Menschen durch das Tageslicht-Spektrum in den Tag geholt und reduziert den Stress auf das Nervensystem.
(Prof. H. Wohlfarth, University von Alberta; Bergische Universität, Prof. G. Schauf und Dr. med. G. Sell)

Liberman W. Tithof, „The Effects Of Full Spectrum Light On Student Depression As A Factor in Student Learning", Dissertation, Walden University, USA, 1998

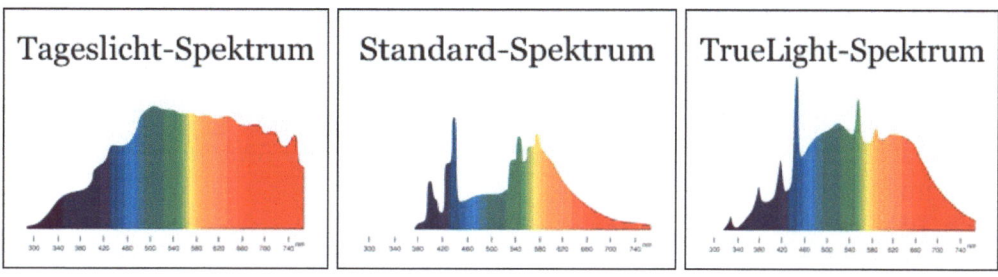

Abb. 02   Abb. 03   Abb. 04 Aprendarium

siehe Anhang wissenschaftlicher Hintergrund Aprendarium Licht

Die Untersuchung der Auswirkung schallneutraler Linoleum - Fußbodenbeläge zur Reduzierung der Lärmentwicklung nach farblichen Vorgaben der Fachhochschule Hildesheim. (*dB Leistung 14- 17 dB*)

Die Untersuchung der Auswirkung einer Soundanlage zur Verbesserung der Sprachunterrichte, Musikunterrichte und des optimalen Hörens im gesamten Aprendarium für auditiv behinderte Schülerinnen und Schüler.

Die Untersuchung eines Ordnungsprinzips erfolgt anhand folgender Schwerpunkte:

- Die Ausstattung ist leicht erreichbar

- Möbel sind optimal angeordnet.

- geeignete Umgebungskontrollen (Heizung, Beleuchtung usw.)

- Materialien sind gut beschriftet und platziert.

- Bewegung im Raum ist bequem möglich; angemessene Möglichkeiten zur Unterbringung des Schülereigentums.

- soziale Planung zur Sitzordnung der Schüler

- visuelle Hilfen, die von allen leicht gesehen werden können; das Klassenzimmer sieht nach einer gut organisierten Arbeitsumgebung aus.

- ruhige Umgebung außerhalb des Klassenzimmers

- Vorhandensein von klaren täglichen Ritualen; es gibt einige wenige klare Regeln, die mit allen Kindern vereinbart wurden.

- Kinder werden bei der Ausgestaltung ihrer Umgebung einbezogen; es gibt geeignete Aktivitäten und Ausstattungen, um Spiele anzuregen.

- Die Umgestaltung der Sitzordnung (möglichst im Oval) zur Förderung der Gemeinschaft (*Psychosomatisch, Psychophysikalisch*) und zur Integration des Lehrpersonals als Moderator *(nicht frontal gegen, sondern Miteinander)*. Nach dem Ordnungsprinzip.
(siehe Abb. 05)

Die Untersuchung eines Ordnungssystems:
Die Ausstattung der Unterrichtsräume mit einem strukturiertem
Ordnungssystem, mit geschlossenen Staumöbeln (*Sideboards*) zur Reduzierung von ablenkendem, optischem Durcheinander mit Einzelfächern für Schüler zur Aufbewahrung von Unterrichts- und Arbeitsmaterialien, sowie zur Entlastung der Schüler auf dem Schulweg – zudem gibt es einen Lehrerschrank zur Unterbringung von Klassenordnern und zur Lagerung von Unterrichtsmaterialien, sowie einem System zum Sortieren von Müll.

Elemente des Ordnungssystems

Sideboard mit Schülerfächern, bei Wanderklassen auch ohne Schülerfächer als Garderobe einsetzbar.

Schrank für Lehrmittel Grundschule   Lehrerschrank, auch mit kleinem Tresorfach

Müllsortiersystem

Die Untersuchung eines Zeitmanagements: Entwicklung von Vorschlägen für ein unterrichtliches Zeitmanagement, u.a. unterstützt durch den Einsatz neuester Unterrichtsmedien.

Fallbeispiel – einfaches Umräumen

Da eine konsequente Umsetzung mit Kosten verbunden ist, wurden zunächst jene Vorschläge zur Umgestaltung umgesetzt, die weitestgehend kostenneutral möglich sind *(Elternarbeit)*. Innerhalb des Schulgebäudes wurden verschiedene Vorschläge,

die der Verein LuPS e.V. in einem Gutachten zusammengefasst hat, umgesetzt (Veränderung der Sitzordnung; Umstellen des Mobiliars; etc.).
Bereits nach kurzer Zeit ließen sich bestimmte Effekte beobachten. Lerngruppen, in denen bspw. das Lehrerpult an die Rückwand des Raumes gestellt wurde, verhalten sich nach dem Empfinden der Lehrkräfte insgesamt ruhiger. Der Hauptarbeitsplatz des Lehrers im Klassenraum ermöglicht an dieser Stelle zudem einen besseren Überblick. Begibt sich die Lehrkraft zur Tafel, die nun dem Lehrerplatz gegenüberliegt, wird es in der Lerngruppe merklich ruhiger, da die Schülerinnen und Schüler schnell erkannt haben, dass nun etwas für den Unterrichtsverlauf Wichtiges passiert. Die Veränderung der Sitzordnung *(wenn möglich im Oval)* hat subjektiv ebenfalls Auswirkungen auf das Lern- und Arbeitsklima. Alle Schüler und Schülerinnen können sich anschauen und es muss nicht mehr laut gesprochen werden, so wirkt die Atmosphäre vor allem in Phasen des Austausches entspannter. *(siehe hierzu auch das Schreiben der Rektorin der GS St. Hülfe-Heede Diepholz)*

Fallbeispiele Grundschule Steimbke/St. Hülfe -Heede

Die Grundschule Steimbke liegt in der Samtgemeinde Steimbke, die ca.12.000 Einwohner hat und einen stark ländlich geprägten Charakter aufweist.
Bis zum Jahr 2000 war die Grundschule Steimbke Teil der Grund-, Haupt- und Realschule Steimbke mit einer Orientierungsstufe. Im Jahr 2000 erhielt die Grundschule eigene neue Gebäude in der Ortsmitte. 2001 wurde die Schule organisatorisch abgetrennt und erhielt eine eigene Schulleitung.

Wir haben uns diese Schule bewusst zur Evaluation des Aprendariums ausgesucht, um auch darauf hinzuweisen, dass nicht das Alter einer Schule entscheidend ist, sondern eine lernfördernde und präventive Innenausstattung und Innengestaltung. Hier sei auch der Hinweis erlaubt, dass ein Neubau keine grundsätzliche Lösung der Probleme darstellt.

Zur Gegenprüfung konnten wir die Grundschule St. Hülfe -Heede, der Stadt Diepholz, die in einem Altbau untergebracht ist, gewinnen. Diese Gemeinde hat den in einem Altbau untergebrachten Klassenraum nach LuPS e.V. zu einem Aprendarium umfunktioniert. Der Grund hierfür war die Entscheidung des Landkreises Diepholz, einen Klassenraum zu schaffen, in dem auditiv gestörte Kinder *(chochelear Implantat)* in einer normalen Lerngruppe integriert unterrichtet werden können (Inklusion).

Beschreibung der baulichen Maßnahmen im Einzelnen zur Errichtung eines Aprendariums

Um den aktuellen Problemen in den Klassenzimmern entgegenzuwirken, haben wir uns entschieden, die folgenden baulichen Veränderungen durchzuführen, um deren Auswirkung in den beiden genannten Schulen genauer betrachten zu können.

- Wahl von Decken- und Wandfarben gemäß den Erkenntnissen aus der aktuellen Farbforschung.

▪ Einbringen eines Bodenbelages zur Dämmung des Trittschalls in farblicher Abstimmung zur Decken- bzw. Wandgestaltung. Vorzugsweise Linoleum mit 14 dB Dämpfung, zur Reduzierung von Lärmentwicklung. Einbringen einer Akustikdecke zur Absorbierung der Horizontalen Schallwellen und einem schallschluckendem Wandelement zur Absorbierung der vertikalen Schallwellen.

▪ Installation von Vollspektrum -Leuchten, die in drei Helligkeitsstufen regelbar sind (True Light), nicht versenkt in der Raumdecke (Fallicht) sondern aufliegend zur Gewinnung von Raumlicht in Milchglas-Leuchtmittelträger.

▪ Installation einer Soundanlage zur besseren Hörsamkeit für Sprachunterricht, Musikunterricht und vor allem für auditiv gehandikapten Schüler (überall *im Raum gleich gute Hörsamkeit*)

 Mobiliar
o Trapezförmige (86cm x 70cm), rollstuhlfähige Einzeltische, mit stark abgerundeten Ecken die im Oval angeordnet werden können bzw. auch zu Gruppentischen stellbar sind. Dabei sind die Tischoberflächen rutschfest (keine fliegenden Blätter) beschichtet um die Raumharmonie zu unterstützen. Zudem verfügt das Mobiliar über ein optimierte Ablagefläche. Die Schüler haben einen eigenen Arbeitsplatz, der im Gegensatz zu Dreiecktischen, die Ellbogen komplett aufnimmt und eine größere Arbeitsfläche bietet als ein Doppeltisch für zwei Personen.

o Höhenverstellbare Schülerstühle (*mit fünf Rollen*), die den ergonomischen Bedürfnissen der Schüler angepasst sind und dem Bewegungsdrang der Kinder Rechnung tragen. (*Kippelfunktion und Federung*)
Holzsitzflächen zur Reduktion von bioaktiven Substanzen, *(bei Kunststoffsitzen erhöhte Produktion von Bioaktiven Substanzen)* rutschfeste Oberfläche.

Aber nicht nur die kindliche Haltungsphysiologie
ist für statische Dauerbelastungen ungeeignet, sondern auch das kindliche Gehirn. Eine unzureichende Durchblutung in Verbindung mit einer ungenügenden sensomotorischen Stimulation löst einen Zustand herabgesetzter hirnphysiologischer Aktiviertheit aus (*Imhof* 1995). Dies hat zur Folge, dass der Sitzende nicht nur seine äußere Haltung, sondern auch seine innere Haltung aufgibt (Aufmerksamkeitsverlust, leerer Blick mit vagabundierenden Gedanken) oder aber der Organismus nach zusätzlicher Stimulation (kompensatorische körperliche Aktivität)
sucht, z.B. das kippeln mit dem Stuhl. *Oliver Ludwig-Dieter Breithecker, Untersuchung zur Änderung der Oberkörperdurchblutung während des Sitzens auf Stühlen mit beweglicher Sitzfläche.*

o Lehrerstuhl und Tisch sind analog zu den Schülertischen gestaltet (120 cm x 104 cm) oSideboards zur Materialunterbringung (vollständig schließbar) zur Reduktion von ablenkendem optischem „Chaos", sechs Schülerfächer im Sideboard

oIndividuelle Schülerfächer zur organisierten und übersichtlichen Ablage von persönlichen Materialien.

oVerschließbarer Lehrerschrank zur sicheren Unterbringung von Lehrerarbeitsmaterialien, Unterlagen, Tresor und Garderobe.

oAufstellen eines Luftbefeuchters zur Unterstützung des Raumklimas mit der Zielsetzung, das Austrocknen der Schleimhäute zu verhindern, um zu einer Verbesserung der Konzentrationsfähigkeit der Schüler beizutragen.

oEinbau eines computergestützten Tafelsystems (Aktiv-Boards / inkl. Beamer und Laptop,) als motivationsfördernde, moderne Präsentationsmöglichkeit von Unterrichtsmaterialien (Speicherung und Übermittlung unterrichtsrelevanter Daten, Grafiken und Texte unter Einbeziehung des Internets).

Diskussion der Ergebnisse

Wir erwarten von der bewussten Umgestaltung der Unterrichtsräume, den Arbeitsplatz Schule so zu verbessern, dass die Lernleistungen, das Wohlbefinden, das Arbeitsverhalten und das Sozialverhalten der Schüler optimiert werden. Ebenso erwarten wir die Reduktion der krankheitsbedingten Fehlzeiten von Lehrkräften. Wir haben somit die Erwartung einer nachhaltigen Verbesserung des Lernklimas und damit langfristig auch die Reduzierung volkswirtschaftlicher Verluste.

Schließlich soll durch die Maßnahme auch eine höhere Akzeptanz der Schule und des lehrenden Personals erzielt werden. Der Raum dient damit als Werkzeug für den Pädagogen.
Schulträger sollen erkennen, dass der Schlüssel für gutes Lernen im Klassenraum, das heißt, dem „Arbeitsplatz" des Lehrers und der Schüler liegt.

# Das Aprendarium
Raumleistung = Raumnutzen = Lehrer- Schülernutzen

LICHT

Einflussnahme auf die Gesundheit

Situation	Frage	**Produktleistung**	**Kundennutzen**	Wissenschaft
Hohe Fehlzeiten	Was trägt zur Gesunderhaltung der Lehrer bei?	Vollspektrumlicht, Raumlicht, Gelblicht oder eine Kombination aus allem	Unterstützt das Immunsystem, fördert die Konzentration, schont das Augenlicht, wirkt gegen Adipositas und Hyperaktivität	Prof. H. Wohlfarth, University, von Alberta Prof. G. Schauf und Dr. med G. Sell Bergische Universität
Schwieriges Lernen	Was macht diffuses Licht mit Schüler und Lehrer?	Raumlicht, Vollspektrumlicht	In der Dunklen Jahreszeit wird der Organismus des Menschen durch das Tageslicht-spektrum in den Tag geholt	Prof. H. Wohlfarth, University von Alberta „besser lernen durch richtiges Licht. Bergische Universität Prof. G. Schauf und Dr. med G. Sell
Hyperaktivität, Erschöpfung, Reizbarkeit, Aufmerksamkeits-störungen	Kann Vollspektrumlicht hier helfen?	Vollspektrum: syst. Blutdruck sank um 20 Punkte	weniger Stress, der sich auf das Nervensystem auswirkt	Libermann W. Tithof, „The Effects Of Full Spectrum Light On Student Depression As A Factor in Student Learning", Dissertation, Walden University, USA, 1998

Symptome durch fehlende Lichtfrequenzen (zurzeit in allen Klassenräumen installiert)

- **Energielosigkeit**, Schlaffheit, Erschöpfungszeichen,
- **geschwächtes Immunsystem** mit Folgeerkrankungen "opportunistischen Immundefizit-Krankheiten" z. B. **infektanfälliger** für Erkrankungen durch Bakterien, Viren, Pilzen, **Erkältungen**, Grippe, Bronchialerkrankungen, Asthma, Husten Erkrankungen im **Rachenraum, Nasennebenhöhlen, Stirnhöhlen**, Hautkrankheiten, **Allergien, Herz-Kreislauf**erkrankungen, Stoffwechselstörungen, Verdauungskrankheiten, Diabetes **Osteoporose, Rheumatismus**, Gicht, **Arthritis, Arthrose, Schlafstörung Gewichtszunahme** durch Heißhungerattacken.

LÄRM
Einflussnahme auf die Gesundheit

Situation	Frage	**Produktleistung**	**Kundennutzen**	Wissenschaft
Hohe Fehlzeitenrate	Was trägt zur Gesunderhaltung der Lehrer bei?	Installation von Schalldämpfenden Maßnahmen, schallneutrales Linoleum bis 17 db.	Neben dem Risiko für Allergien steigt auch die Anfälligkeit für Herzkreislaufprobleme. Zudem steigt auch der Blutdruck und Lärmgeschädigte leiden öfter unter Migräne.	Universität Bremen, Fachbereich Human- und Gesundheits-Wissenschaften Institut für interdisziplinäre Schulforschung (ISF), Dipl.-Ing. Gerhart Tiesler
Lärm lässt kein gutes lernen zu	Was macht Lärm mit Schülern und Lehrer?	Schallirritationen entfernen, Reduzierung von vertikalen und horizontalen Schallwellen, ovale Sitzordnung reduziert die Lautstärke in der Kommunikation	Bereits 15% der Jugendlichen hören so schlecht wie ein 50-jähriger Mann. Ohne Lärm fließen die roten Blutkörperchen. Bei Lärm stocken sie, da sich die Gefäße verengen. Besorgniserregend ist, dass durch die eingeschränkte Durchblutung angrenzendes Organgewebe schlecht mit Sauerstoff und Nährstoffen versorgt wird. Antikörper und weiße Blutkörperchen werden kaum transportiert. Die Folge: Die körpereigene Immunabwehr wird geschwächt.	Prof. Dr. Hartmut Ising Siehe auch Bundeszentrale für gesundheitliche Forschung
Hyperaktivität, Erschöpfung, Reizbarkeit, Aufmerksamkeitsstörungen	Unterstützt ein ausreichend schallgedämpftes Klassenzimmer die Gesundheit der Insassen?	Optimale Hörsamkeit Beruhigung der Schüler und Lehrer durch Senkung des Blutdrucks und der Herzfrequenz	Installation nach DIN 18041 Decke und Wand (RES 0,43 sec.).	Universität Bremen, Fachbereich Human- und Gesundheitswissenschaften, Institut für interdisziplinäre Schulforschung

| | | | | (ISF), Dipl.-Ing. Gerhart Tiesler |

„Die Hirnanhangdrüse sendet Signale zur Nebennierenrinde, die Stresshormone ausschüttet. Schon bei Dauerlärm von 50 dB ist der Körper in Alarmbereitschaft. Die Gefäße werden eng. Der Blutdruck steigt. Am Ende wird der Mensch krank". Prof. Dr. Ising

Farben
Einflussnahme auf den Schüler/Lehrer

Situation	Frage	**Produktleistung**	**Kundennutzen**	Wissenschaft
Hyperaktive Kinder, unruhige Lehrer.	Was ist die psychologische Wirkung von Farben?	Ausgesuchte Farben mit lernfördernden Frequenzen.	Einflussnahme von Farben auf das Wohlfühlen im Raum und in der Gesundheitstherapie.	Univ.-Prof. Dr.med. Manfred Walzl, Facharzt für Neurologie und Psychiatrie
Kalte Raumatmosphäre,	Was leistet eine lernfördernde und präventive Farbgestaltung?	Raumbox-Farben zur lernfördernden Atmosphäre	Im Auftrag für Health Care Network Group (HCNG) hat Prof. Schlegel 4 sich deutlich unterscheidende und in sich schlüssige Farbprofile entwickelt, die als Farb- und Material-komposition für den Gesundheitsbereich angelegt und als Collagenvorbilder zusammengestellt sind.	Marcus Schlegel, Professor für Farbgestaltung an der „HAWK" Hildesheim
Hyperaktivität, Erschöpfung, Reizbarkeit, Aufmerksamkeits-störungen	Können die richtigen Farben helfen?	Farben fördern die Konzentration durch Beruhigung über die Frequenz	Frequenzen nehmen Einfluss auf den Körper, daher ist ein verantwortungsvoller Umgang mit Farben unbedingt erforderlich. Farben sind ein sanftes Instrument zur ganzheitlichen Steigerung des Wohlbefindens. Unruhige Kinder werden umgänglicher und konzentrierter, ängstliche Menschen	Prof. Petra Kellner, Hochschule für Gestaltung, Offenbach am Main

			selbstbewusster und ausgeglichener, nervöse Zeit-genossen ruhiger.	

Stühle
Bewegung im Sitzen

Situation	Frage	**Produktleistung**	**Kundennutzen**	Wissenschaft
Herkömmliche Stühle	Nervosität durch Bewegungs-stau?	Stühle mit bewegungs-absorbierende Eigenschaften	Stühle mit Rollen höhenverstellbar, nach vorne und zur Seite beweglich und drehbar. Material der Sitzfläche aus Holz.	Dr. Dieter Breithecker Bundesarbeitsgemeinschaft für Haltungs- und Bewegungs-förderung e.V. Matthias-Claudius-Straße 14 65185 Wiesbaden
Unruhige Raumatmosphäre	Sind Stühle mit Rollen leiser?	Einsatz von Drehstühlen	Leise Bewegungen sind möglich	
Hyperaktivität, Erschöpfung, Reizbarkeit, Aufmerksamkeits-störungen	Reduziert sich die Bewegung im Raum?	Zweifacher Nutzen!	Nicht nur die kindliche Haltungsphysiologie ist für statische Dauerbelastungen ungeeignet, sondern auch das kindliche Gehirn. Eine unzureichende Durchblutung in Verbindung mit einer ungenügenden sensomotorischen Stimulation löst einen Zustand herabgesetzter hirnphysiologischer Aktiviertheit aus (*Imhof* 1995). Dies hat zur Folge, dass der Sitzende nicht nur seine äußere Haltung, sondern auch seine	Oliver Ludwig-Dieter Breithecker, Untersuchung zur Änderung der Oberkörperdurch-blutung. während des Sitzens auf Stühlen mit beweglicher Sitzfläche.

			innere Haltung aufgibt (Aufmerksamkeitsver lust, leerer Blick mit vagabundierenden Gedanken) oder aber der Organismus nach zusätzlicher Stimulation (kompensatorische körperliche Aktivität) Sucht, z. B. Kippeln mit den Stühlen, sowie hin- und herrutschen.	

Tisch
Lernplatz

Situation	Frage	**Produktleistung**	**Kundennutzen**	Wissenschaft
Lernen an Doppeltischen	Sind ergonomisch gearbeitete Einzeltische direkt oder indirekt lernfördernd?	Konisch zugeschnittene Holz, Einzeltische mit Linoleum-Oberfläche	Dic Schülcr habcn einen eigenen Arbeitsplatz, der die Ellbogen komplett aufnimmt und eine größere Arbeitsfläche bietet als ein Doppeltisch für zwei Personen,	Fraunhofer-Institut Der Anteil, den die unterschiedlichen Facetten der Büroarbeit an den muskuloskelettalen Beschwerden haben, ist aufgrund der multikausalen Verursachung zwar nicht eindeutig geklärt. Unstrittig ist jedoch, dass der sogenannte Verhältnisprävention, bei der die optimale, d. h. menschengerechte Gestaltung der Arbeitsbedingungen im Vordergrund steht, zur Prävention von Muskel- und Skeletterkrankungen eine entscheidende Bedeutung zukommt.

Doppeltische fördern den Streit um die Arbeitsfläche.	Wodurch fühlt sich der Schüler wohler bei einem Solchen Tisch.	Wertschätzung der einzelnen Person. Schreibmaterial bleibt besser liegen und fällt seltener herab. Holz senkt die Herzfrequenz um 3 %.	Der Tisch kann durch seine konische Form auch als Kreis oder als Oval gestellt und eignete sich zudem für Arbeitsgruppen und einer Konferenzaufstellung.	
Hyperaktivität, Erschöpfung, Reizbarkeit, Aufmerksamkeits- störungen	Reduzieren die Ergonomisch gearbeiteten Tische die Reizbarkeit	Dichtes aufeinander sitzen in engen Räumen wird gemildert	In der Praxis sitzen die Schüler nicht ganz so dicht beieinander als mit Doppeltischen und oder rechtwinkligen Tischen	

Ordnungssysteme
Schränke

Situation	Frage	**Produktleistung**	**Kundennutzen**	Wissenschaft
Offene Regale	Geben Regalinhalte Informationen ab?	Verhindert die Sicht auf Bücherrücken Materialien. Usw.	Erinnerungen an einen Unterricht der mit dem jetzigen nichts gemein hat	Universität zu Köln
Informationsflut und Pädagogik	Wie viele unterschwellige Information schadet der Pädagogik, gerade bei den Jungs?	Gebasteltes unter der Decke und an den Wänden. Unordnung in den Regalen wird verhindert	Erinnerungen an Geschichten aus dem letzten Bastelunterricht während eines Mathematik- Unterrichts.	
Reizbarkeit, Aufmerksamkeits- störungen	Minimiert Informationsflut das Konzentrationsverhalten.	Erinnerungen an nicht gelungene Arbeiten verschwinden.	Automatische Prozesse der Informations- Verarbeitung.	Albert- Ludwigs- Universität- Freiburg

Zeitmanagement
Aktivboard
Raumverhältnisse

Situation	Frage	Möglichkeiten	Funktion	Wissenschaft
Schiefertafel	Ist ein Aktivboard effizienter und lernfördernder?	Unterrichtsvorbereitung erspart 50 % der Zeit, generelle Zeitersparnis im Unterricht, hoher Motivationsfaktor.	Leichtes Sprachtraining, effizienter Deutschunterricht. Lückentexte, Musikunterricht mit Audio-System. Alles was geschrieben, wird gespeichert. Der Unterricht kann den Kindern ein zu eins nach Hause gemailt werden. u.v.m.	Anbieter, Lehrer. Das Aktivboard 2+ kann von zwei Personen genutzt werden. Derzeitige Ergebnisse entsprechen 5-8 Minuten mehr Netto-Unterricht.
Raum		**Produktleistung**	**Kundennutzen**	
Überbelegung der Klassenräume	Gibt es Stress und Konzentrationsmangel durch zu viele Schüler im Klassenraum? Leidet die Lernleistung durch die Überbelegung? Sind die Lehrkräfte aus psychosomatischen Gründen gesundheitlich gefährdet? Fördert die Überbelegung der Klassenräume Gewalt?	Die richtigen Farben wirken beruhigend. Mehr Raum schafft eine bessere Lernatmosphäre. Reduzierung der Schüler pro Klassenraum auf 18 Schüler. Durch die zum Teil unmenschliche Belastung der Lehrkräfte sinkt das Interesse der Studenten am Lehramt.	Das Aprendarium in seiner Gesamtheit lässt eine bessere Lernatmosphäre entstehen und fördert die Nachhaltigkeit. Der Stress durch räumliche Enge wird verringert.	HAWK Hildesheim Prof. M. Schlegel Universität Tübingen Antiterrorfeld Forschung Lärmforschung Ludwig-Maximilians-Universität München und Fraunhofer Institut, Max von Pettenkofer,

Übergreifende Fragen zur Evaluation der Nachhaltigkeit und Wertschöpfung

Das Aprendarium in der Evaluation

Pädagogik im Aprendarium

Optimiertes Sozialverhalten
Optimiertes Arbeitsverhalten
Effektiver Unterricht mit Motivationsfaktor Triple A

Frühverrentung der Lehrer

Um wie viel Zeit verlängert sich die aktive Dienstzeit durch lernfördernde und Präventive Schulgestaltung?
Wenn 80 % der Lehrer das ges. Dienstzeitende nicht erreichen wie hoch ist der volkswirtschaftliche Gewinn, wenn die durchschnittliche Dienstzeit um ½ Jahre verlängert werden kann?
Wie steigt die Akzeptanz des Lehramts bei den Studenten durch attraktive Arbeitsplätze.

Gesundheitswesen

Um welchen Faktor reduzieren sich die Kosten zur Gesunderhaltung der Lehrkräfte
- Depressionen
- Entfernungen der Gallenblasen
- Alkoholsucht
- Rheuma
- Knochenprobleme
- Nierenerkrankungen
- Burnout

Betreff: Zwischenbericht über erste Beobachtungen der Lehrkräfte seit der Umgestaltung von 2 Klassenräumen gemäß den Vorgaben des Vereins für **Lernfördernde und präventive Schulgestaltung (LupS)**

In den Sommerferien wurden an der Grundschule Steimbke mit Unterstützung der Klosterkammer, der Samtgemeinde Steimbke sowie einer Reihe von Sponsoren zwei Unterrichtsräume nach neuesten Erkenntnissen umgestaltet. Neben dem Verweis auf die große Resonanz in der aktuellen Medienberichterstattung (NDR 1 und NDR 2 berichteten ebenso wie SAT 1, RTL, HIT-Radio-Antenne sowie verschiedene Printmedien) möchte ich nachfolgend kurz die Ergebnisse der Beobachtungen aus den ersten Schulwochen wiedergeben. Diese Ergebnisse basieren auf den Beobachtungen der Klassen- sowie der Fachlehrkräfte. Ich selbst unterrichte in einem der Räume fünf Stunden Mathematik in der Woche und konnte mir folglich auch durch die eigene Arbeit einen Eindruck darüber verschaffen, wie sich die Arbeit in den neuen Räumlichkeiten bislang verändert hat bzw. verändert. Etwaige Änderungen im Verhalten der Schülerinnen und Schüler können ebenso deutlich werden, da alle Lehrer schon über einen längeren Zeitraum mit den Lerngruppen gearbeitet haben.

Akzeptanz der Räumlichkeiten durch die Schüler und Schülerinnen (SuS)
Vom ersten Tag an behandeln die SuS „ihre" Räume mit einem hohen Maß an Wertschätzung und Sorgfalt.

Klassendienste sorgen in den Pausen für Sauberkeit, der Fußboden wird in jeder Pause gefegt und seit einigen Wochen werden vor Betreten des Raumes die Schuhe gewechselt (Stichwort: Hausschuhklasse).

Besonders bemerkenswert finde ich, dass einige der bislang eher „beratungsresistenten" Schüler, die erhebliche Probleme hatten ihre Arbeitsmaterialien in Ordnung zu halten bzw. schriftliche Aufgaben ordentlich und sorgfältig zu gestalten, sich sehr viel mehr Mühe in diesem Bereich geben. Als ich sie darauf ansprach, erhielt ich die Antwort, dass ihnen dies in den neuen Räumen leichter fällt, weil durch die individuellen Schülerfächer Ordnungsstrukturen klar vorgegeben sind.

Auswirkungen auf die Unterrichtsgestaltung und den Unterrichtsverlauf
Es wurde relativ schnell deutlich, dass die Unterrichtsplanung sich vor allem durch den Einsatz des Aktiv-Boards stark verändert. Einerseits nehmen die Phasen eines eher lehrerzentrierten Unterrichts zu, andererseits wird der Planungsaufwand intensiver, da man sich erst nach und nach die Möglichkeiten des neuen Mediums erschließen muss.

Als sehr angenehm wird von allen betroffenen Lehrkräften empfunden, dass durch die hervorragende Geräuschdämmung die Stimme, als eines der „Hauptwerkzeuge" geschont wird. So kann der Lehrer den überwiegenden Teil des Unterrichts sprechen, ohne seine Stimme zu erheben. Dies wirkt sich auch auf die Schülerschaft aus. Selbst in Gruppen- oder Partnerarbeitsphasen ist der Geräuschpegel sehr angenehm und wirkt wenig belastend.

Die nachhaltigste und übereinstimmende Erkenntnis aller Lehrer ist die Beobachtung, dass die Unterrichtszeit effektiver genutzt wird.
Da, wie zuvor erwähnt, alle Lehrer bereits zuvor mit den Lerngruppen in „normalen" Unterrichtsräumen gearbeitet haben, gab und gibt es eine Einschätzung dahingehend, welche Menge Unterrichtsstoff an einem Schultag bewältigt werden kann.

Sehr schnell fiel auf, dass die Lehrer mit ihren Unterrichtsplanungen einige Minuten früher - als bislang gewohnt- fertig waren. Im Umkehrschluss bedeutet dies, dass mehr Unterrichtsstoff (oft 3-5 Minuten) am Ende einer Unterrichtsstunde noch zur Verfügung stand. In meinem Fall (5 Stunden Mathematik pro Schulwoche) bedeutet dies, dass pro Woche ca. 20-30 Minuten mehr Unterrichtszeit gewonnen wird. Legt man nun zugrunde, dass ein Schuljahr rund 40 Schulwochen hat, könnte sich daraus am Ende eine „Gewinn" von 17 bis 25 Unterrichtsstunden ergeben. Berücksichtigt man nun noch, was eine Lehrerstunde kostet und dass in den vier Klassen insgesamt etwa 20 Stunden (ohne Sport und Arbeitsgemeinschaften) pro Woche in den Unterrichtsräumen erteilt werden, so lässt sich zudem ein erheblicher wirtschaftlicher Gewinn darstellen.

gez. H. Salomo Schulleiter GS Steimbke

Die Betreuung dieses Objektes oblag der Universität Osnabrück mit
Frau Prof. Dr. Martina Blasberg-Kuhnke. Der Schwerpunkt der Evaluation liegt auf der Erforschung des Arbeitsverhaltens, des Sozialverhaltens seitens der Schüler und der Minderung der Lehrerausfallzeiten durch Stress Lautstärke und falsche Beleuchtung. *(LuPS*
e.V. Verein für lernfördernde und präventive Schulgestaltung www.lupsev.de *und* www.schule-stressfrei.de *Rubrik Presse Video)*

Die Evaluation war Ende 2012 abgeschlossen. Sie wird unter Hinzunahme des Lüneburger Fragebogens und der Rückbeurteilung der weiterführenden Schulen, im Besonderen die Gymnasien der Stadt Nienburg /Weser, Albert Schweizer und Magrit Dönhoff Gymnasium, durchgeführt.
Schlussbeurteilung durch die Maximilian Universität, Professor Kahlert und Team

Auswirkungen des Aprendariums Bericht der Schulleitung
Sankt Hülfe, den 09.12.2010

Mit Beginn des Schuljahres 2010/2011 wurde an unserer Schule ein Klassenraum nach den Gesichtspunkten des Vereins für lernfördernde und präventive Schulgestaltung e.V. eingerichtet.
Die Auswirkungen dieser durchdachten und durchgeplanten Klassenraumgestaltung mit besonderem Mobiliar sind für die Arbeit in der Klasse intensiv und ausgesprochen positiv.
In der Klasse wird ein zu 100 % schwerbehindertes Kind (Hörschädigung) unterrichtet, die Akustiksysteme und ruhige Arbeitsumgebung erleichtert das Arbeiten mit diesem Kind ganz enorm.
Durch die Anschaffung von Einzeltischen wurde eine Sitzordnung möglich, die es den Kindern ermöglicht, sich gegenseitig ins Gesicht zu schauen. Das erleichtert diesem gehandicapten Kind das Ablesen von den Lippen, wenn es erforderlich ist.
Diese beruhigende Arbeitsatmosphäre hat aber auch Auswirkungen auf das Miteinander-arbeiten der gesamten Klasse. Für alle beteiligten Lehrpersonen und Kinder wird sehr viel Stresspotenzial aus dem Raum herausgenommen.
Ein weiterer Pluspunkt ist die Höhenverstellbarkeit der Schülerstühle. Dadurch ist gewährleistet, dass diese Klasse mit dem behinderten Kind in diesem Raum bis zur 4. Klasse

unterrichtet werden kann. Wir legen nämlich grundsätzlich äußersten Wert auf ergonomisch richtiges Sitzen.

Hinzu kommt, dass die geschlossenen Regale in der Klasse für eine ruhigere, aufgeräumte Umgebung sorgen. Viele Kinder, die durch eine unruhige Umgebung vom eigentlichen Arbeiten abgelenkt werden, können so besser und zielstrebiger ihre Aufgaben erledigen.

Zusammenfassend kann gesagt werden, dass die Erfahrungen unsererseits mit diesem Mobiliar äußerst positiv sind.

Eine Ausweitung dieser präventiven Schulgestaltung auf andere Klassenräume an unserer Schule würde vom gesamten Kollegium sehr begrüßt werden.

Mit freundlichen Grüßen Mechthild Dunkerbeck
Rektorin GS St. Hülfe /Diepholz

Schlussbemerkung:

Das Aprendarium

Triple A - Bewusst gestaltete Schulräume ermöglichen guten Unterricht

AAA – dieses Gütesiegel von Rating-Agenturen kann die Ansprüche an die Gestaltung von Schulräumen pointiert zusammenfassen: Anregend, anforderungsgerecht und adaptiv können als Merkmale gelten, die ein zeitgemäßer Schulraum erfüllen sollte.

Die Schaffung einer anregenden Lernumgebung und die Berücksichtigung des situativen Kontextes gilt seit der kognitiven Wende in der Lehr-Lern-Forschung als bedeutsame Aufgabe von Lehrpersonen, um Lernen anzuregen und unterstützend zu begleiten (vgl. Lange 2008, Schweder 2012, Wahl 2013). Als anforderungsgerecht können Lernräume gelten, wenn sie die Vielfalt innerhalb der Schülerschaft berücksichtigen und deren Bedürfnissen entgegenkommen. Als adaptiv kann ein Klassenraum bezeichnet werden, der an die jeweilige Lernsituation angepasst werden kann und ein größtmögliches Maß an Flexibilität erlaubt. Ein sorgfältig und überlegt gestaltetes Klassenzimmer verbessert nicht zwangsläufig das Lehren und Lernen. Die Rahmenbedingungen der Schule und die individuellen Lernbedürfnisse der Schülerinnen und Schüler sind dafür zu unterschiedlich. Räumliche Gegebenheiten können aber einen Beitrag leisten, die Umsetzung anerkannter Kriterien guten Unterrichts (vgl. z.B. Brophy 2000, Lipowsky 2007, Lüders / Rauin 2008, Helmke 2009, Meyer 2010, Hattie 2014) zu unterstützen (speziell dazu siehe Kahlert, Nitsche & Zierer 2013):

• Klare Strukturierung ist ein Kennzeichen guten Unterrichts. Die Gestaltung des Schulraums kann dazu einen Beitrag leisten, indem ein gut strukturierter

Klassenraum die Orientierung erleichtert und dabei hilft, Ordnung zu halten.

• Effektive Klassenführung ist durch intensive Nutzung der Lernzeit, Vermeidung von Störungen und Einhaltung von Regeln gekennzeichnet. Wenn genügend Raum zur Verfügung steht, die Sitzordnung pädagogisch sinnvoll gestaltet werden kann und die Möblierung eine bedarfsgerechte Variabilität erlaubt, wird dieses Kriterium unterstützt.

• In einer Umgebung, in der die gleichzeitige Zusammenarbeit mehrerer Schülergruppen in einem Raum möglich ist, ohne Störungen hervorzurufen, wird kooperatives Arbeiten ermöglicht.

• Effektive Übung setzt eine variationsreiche Lernumgebung voraus, in der Übungsmaterialien in ausreichender Anzahl vorhanden, frei zugänglich und übersichtlich geordnet sind.

• Ein lernförderliches Klima, das sich in der Wertschätzung für die Personen und die Umgebung ausdrückt, gilt als weiteres Qualitätskriterium guten Unterrichts. Hierzu zählen beispielsweise die akustischen Bedingungen, die Sitzordnung oder die farbliche Gestaltung des Schulraums.

• Weitere Kriterien, die das Zusammenwirken von Lernumgebung und Lerneffizienz verdeutlichen, ließen sich ergänzen. Sie machen deutlich, dass durchdachte Konzepte wie das Aprendarium einen Beitrag dazu leisten können, Bedingungen zu schaffen, um Lernprozesse in der Schule angenehmer und effektiver zu gestalten.

Literatur Hinweise:

Brophy, J. (2000): Teaching (Educational Practices Series-1). International Academy of Education & International Bureau of Education. Brüssel.

Hattie, J. (2014): Lernen sichtbar machen für Lehrpersonen. Baltmannsweiler. Helmke, A. (2009): Unterrichtsqualität und Lehrerprofessionalität. Seelze.

Kahlert, J., Nitsche, K. & Zierer, K. (2013): Bildungsqualität in unwirtlichen Räumen? Schulraum als Stiefkind im Bildungsdiskurs. In: dies. (Hrsg.): Räume zum Lernen und Lehren. Perspektiven einer zeitgemäßen Schulraumgestaltung. Bad Heilbrunn. S. 7-21.

Lange, U. (2008): Lernkultur durch Gebäudegestaltung in der Berufsschule. In: Berufsbildung, 62. Heft 109/110. S. 37- 39.

Lipowsky, F. (2007): Was wissen wir über guten Unterricht? In: Friedrich Jahresheft 2007.Seelze. S. 26- 30.

Lüders, S. M. & Rauin, U. (2008): Unterrichts- und Lehr-Lern-Forschung. In: Helper, W. / Böhme, J. (Hrsg.): Handbuch der Schulforschung.

Wiesbaden. S. 717- 745.

Meyer, H. (2010): Was ist guter Unterricht. Berlin.

Schweder, S. (2012): Lernumgebungen gemeinsam gestalten. In: Pädagogik, 64. Heft 2. S. 36-41.

Wahl, D. (2013): Lernumgebungen erfolgreich gestalten: Vom trägen Wissen zum kompetenten Handeln. Bad Heilbrunn.

Dr. Kai Nitsche

Ludwig-Maximilians-Universität
Lehrstuhl für Grundschulpädagogik und -
Didaktik Leopoldstraße 13
80802 München

Planungszeichnungen

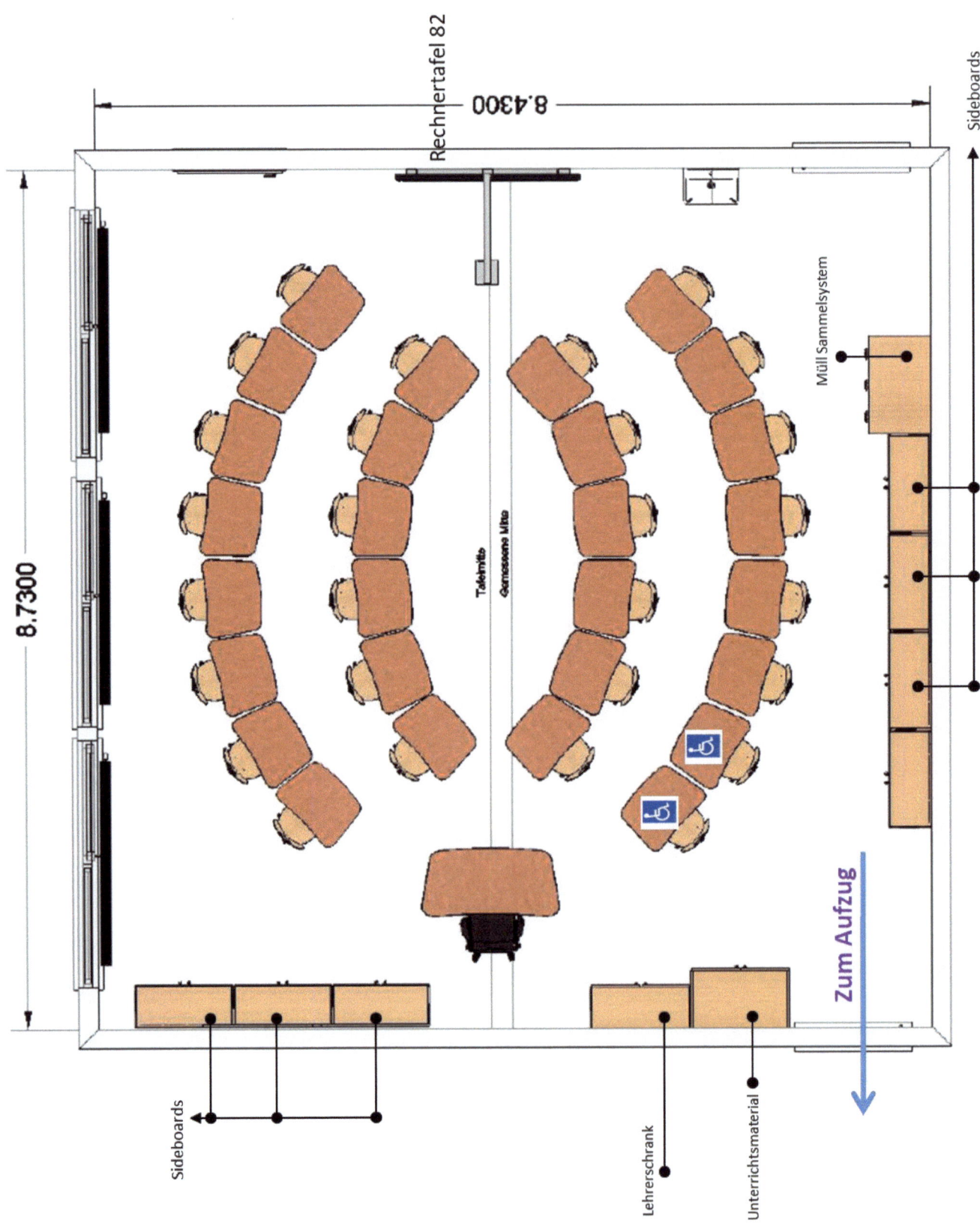

28

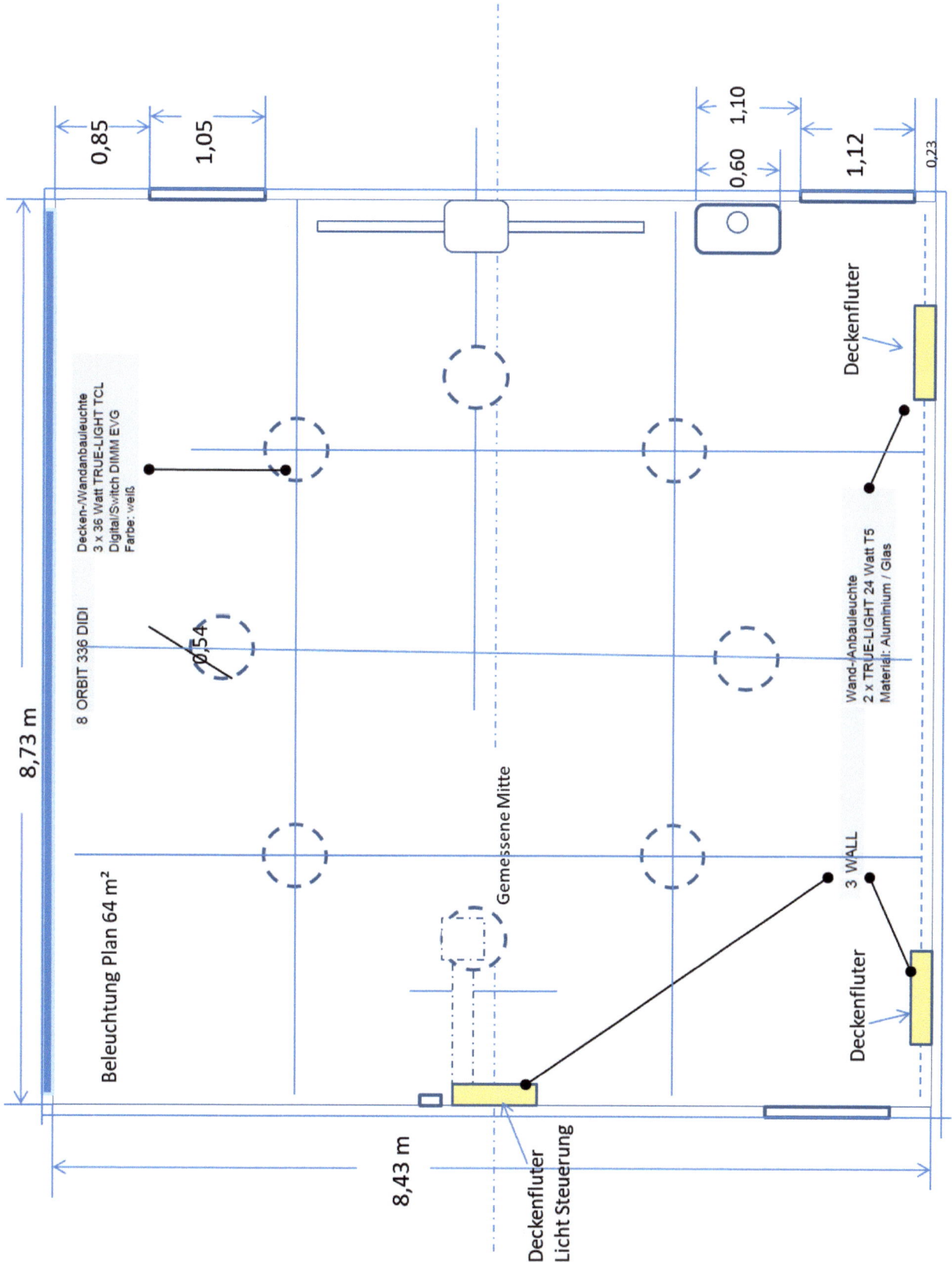

Beleuchtung Plan 64 m²

8 ORBIT 336 DIDI

Decken-/Wandanbauleuchte
3 x 36 Watt TRUE-LIGHT TCL
Digital/Switch DIMM EVG
Farbe: weiß

Wand-Anbauleuchte
2 x TRUE-LIGHT 24 Watt T5
Material: Aluminium / Glas

Gemessene Mitte

3 WALL

Deckenfluter

Deckenfluter

Deckenfluter
Licht Steuerung

8,73 m

8,43 m

0,85
1,05
1,10
0,60
1,12
0,23
0,54

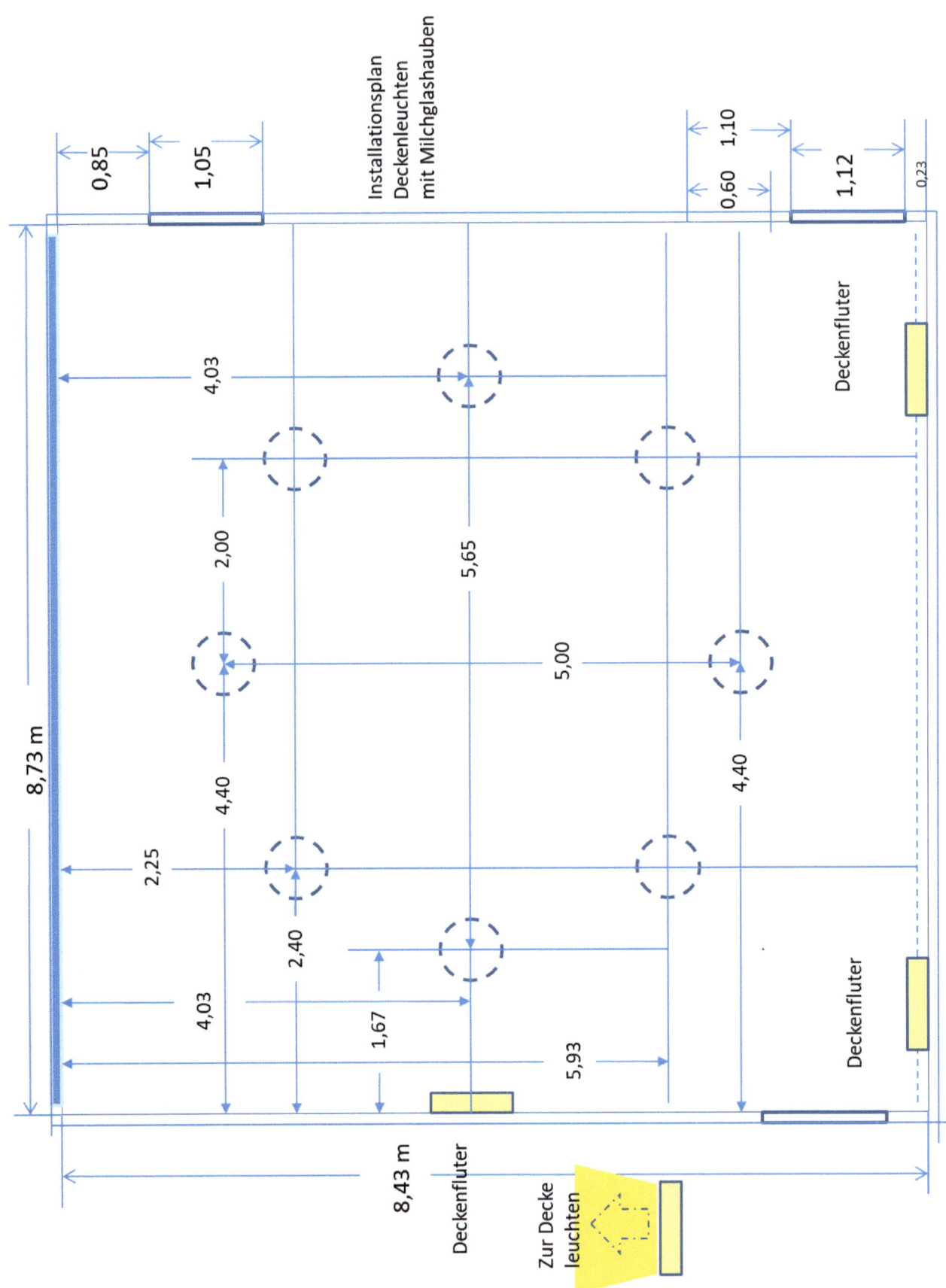

Installationsplan
Deckenleuchten
mit Milchglashauben

0,85
1,05
1,10
0,60
1,12
0,23

Deckenfluter

4,03
2,00
5,65
5,00
4,40
8,73 m
2,25
4,40
2,40
4,03
1,67
5,93

Deckenfluter

8,43 m
Deckenfluter

Zur Decke leuchten

Deckenfluter

30

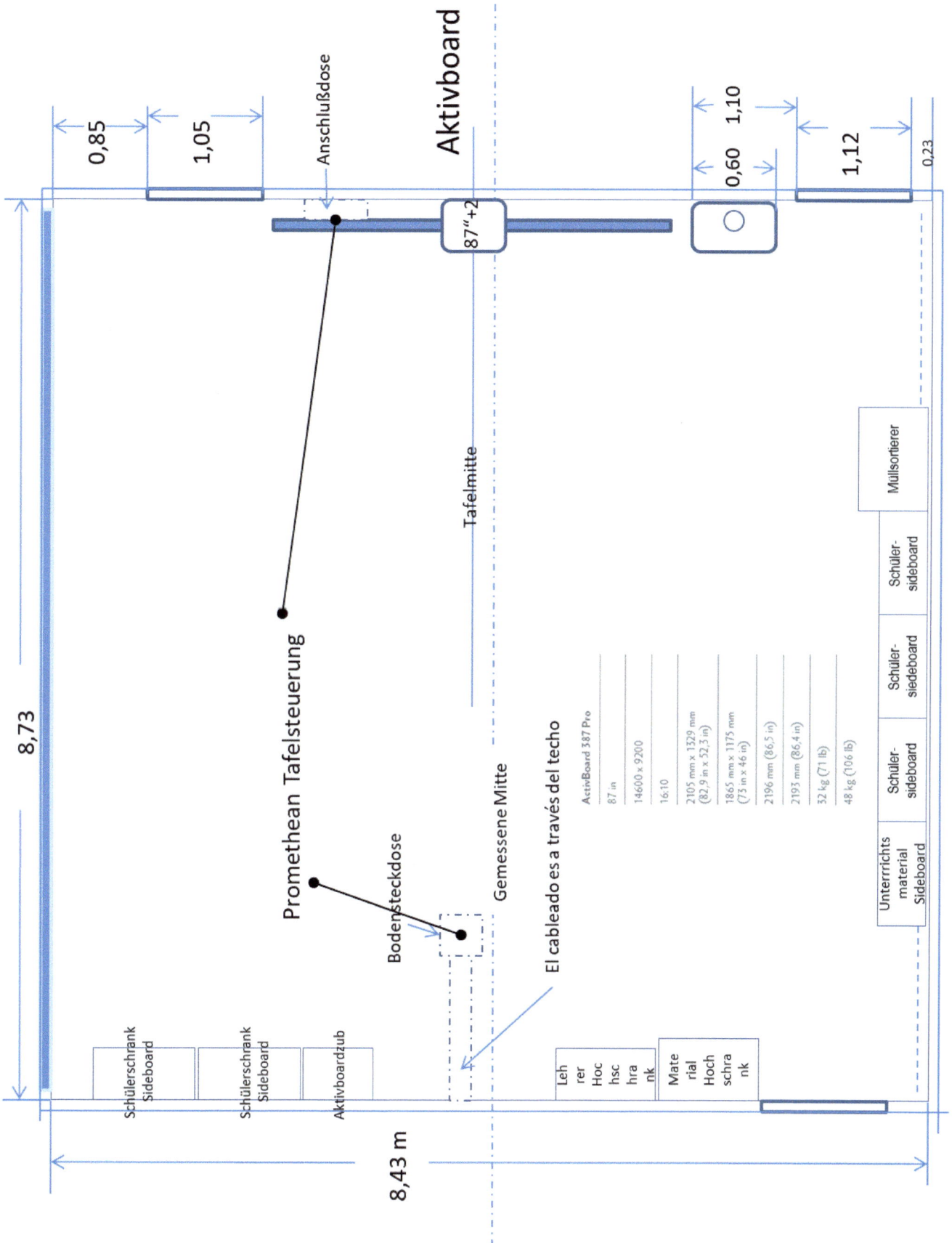

0,85

1,05

Anschlußdose

Aktivboard

Promethean Tafelsteuerung

Bodensteckdose

Tafelmitte

Gemessene Mitte

El cableado es a través del techo

87"+2

1,10

0,60

1,12

0,23

8,73

8,43 m

Schülerschrank
Sideboard

Schülerschrank
Sideboard

Aktivboardzub

Leh
rer
Hoc
hsc
hra
nk

Mate
rial
Hoch
schra
nk

ActivBoard 387 Pro

87 in

14600 x 9200

16:10

2105 mm x 1329 mm
(82,9 in x 52,3 in)

1865 mm x 1175 mm
(73 in x 46 in)

2196 mm (86,5 in)

2193 mm (86,4 in)

32 kg (71 lb)

48 kg (106 lb)

Unterrrichts
material
Sideboard

Schüler-
sideboard

Schüler-
sideboard

Schüler-
sideboard

Müllsortierer

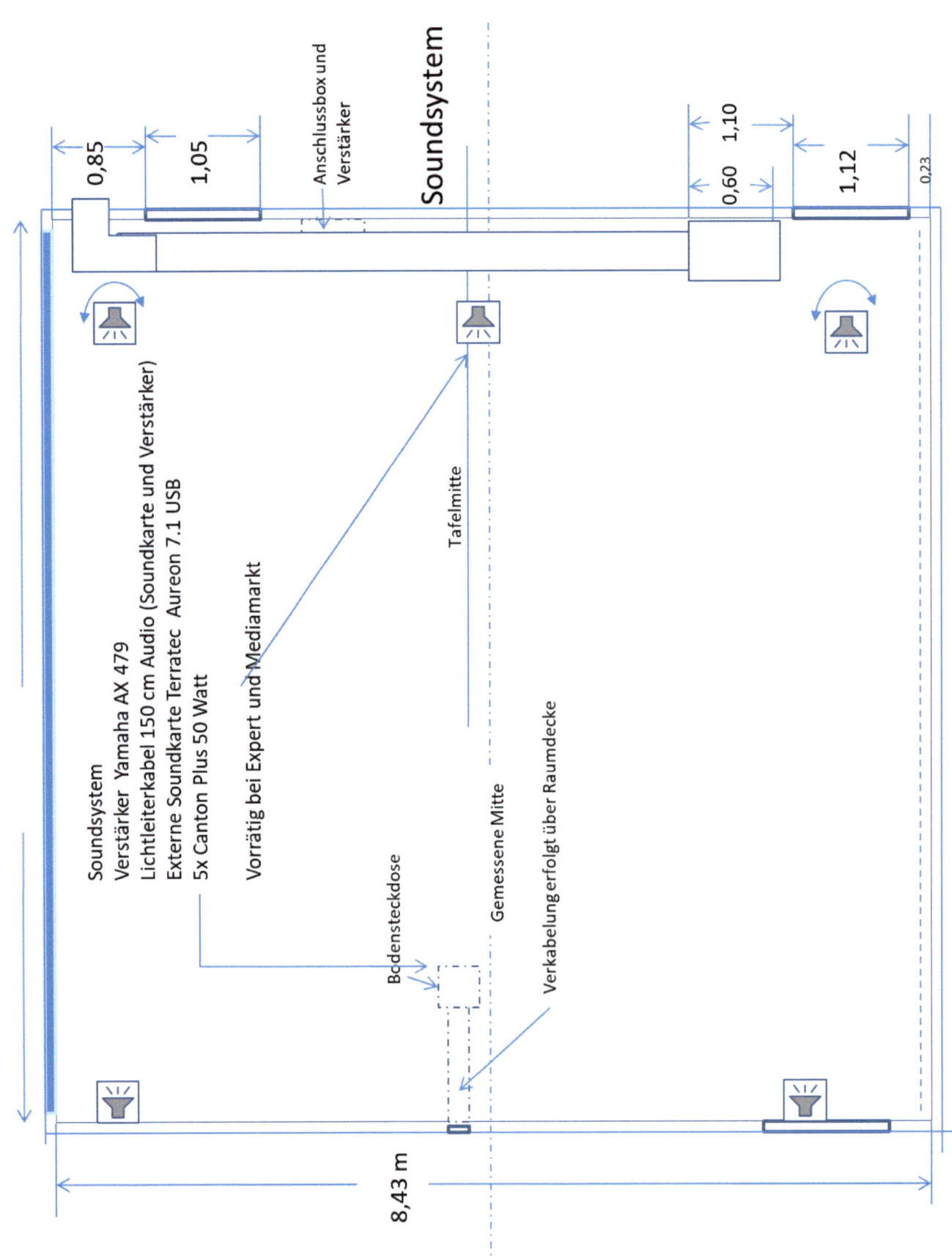

Soundsystem

Soundsystem
Verstärker Yamaha AX 479
Lichtleiterkabel 150 cm Audio (Soundkarte und Verstärker)
Externe Soundkarte Terratec Aureon 7.1 USB
5x Canton Plus 50 Watt

Vorrätig bei Expert und Mediamarkt

Anschlussbox und Verstärker

Tafelmitte

Bodensteckdose

Gemessene Mitte

Verkabelung erfolgt über Raumdecke

0,85
1,05
0,60   1,10
1,12
0,23

8,43 m